# Sirius

# Sirius

Eine Erzählung von Kristina Heese

Bibliografische Information der Deutschen
Nationalbibliothek:
Die Deutsche Nationalbibliothek verzeichnet diese
Publikation in der Deutschen Nationalbibliografie;
detaillierte bibliografische Daten sind im Internet über
dnb.dnb.de abrufbar.

© 2021

Satz, Umschlaggestaltung, Herstellung und Verlag:
BoD – Books on Demand, Norderstedt
Zeichnungen: Daniela Henninger
ISBN: 978-3-7543-6703-2

Steffi liebte Tiere über alles. Seit sie krabbeln konnte, spielte sie am liebsten mit Hunden und Katzen. Berührungsängste kannte sie nicht und überschritt oft auch Grenzen.
So wollte ein älterer Dackel nicht mit Steffi spielen und kläffte sie laut an. Als Steffi immer noch nicht von ihm abließ, biss er leicht in ihre Schuhe und lief davon. Steffi folgte ihm auf noch wackligen Beinchen, fasste ihn und biss ihn leicht in den Rücken. Der arme Dackel wusste nicht, wie ihm geschah. Seit diesem Ereignis macht er einen großen Bogen um kleine Mädchen.

Steffi hätte so gern einen richtigen Hund zum Spielgefährten, nicht diese unechten, die nur auf Knopfdruck mit dem Schwanz wedeln und bellen können.

Als Steffi 8 Jahre alt wurde, bezog die Familie ein kleines Reihenhaus am Stadtrand. Das neue Haus war größer, als die Mietwohnung und hatte einen kleinen Garten.
In der Nachbarschaft wohnte eine alte Dame mit ihrem Hund.
Steffi lernte sie eines Morgens auf dem Weg

zur Schule kennen. Die Nachbarin stand auf der anderen Straßenseite vor ihrer Haustür. Sie atmete schwer und schaute sich dauernd um.
>Nanu<, dachte Steffi, >der alten Dame scheint es nicht gut zu gehen<.
Sie überquerte die Straße, um der alten Dame notfalls behilflich sein zu können.

»Guten Morgen«, grüßte Steffi freundlich, »kann ich Ihnen helfen?«

»Nein danke, es geht schon wieder«, antwortete die alte Dame. »Aber könntest du bitte auf Sirius warten? Er müsste gleichkommen. Dann kann ich schon hineingehen und mich setzen.«

Steffi schluckte, »Verzeihung, auf wen soll ich warten?«

Die alte Dame fasste sich an den Kopf und lächelte.
»-Stimmt, wir kennen uns ja noch gar nicht, ich bin Frau Gode, und Sirius ist mein kleiner Hund. Wie heißt Du?«

»Steffi Hahn«, stellte sich Steffi vor.

Frau Gode reichte Steffi die Hand.
»Es freut mich, dich kennenzulernen.«
»Wie sieht denn Ihr Sirius aus?« fragte Steffi.

»Klein, schwarz, ha, da kommt ja auch schon der kleine Stromer.« Frau Gode zeigte auf ein wuscheliges Etwas, das gerade um die Stra-ßenecke pfiff. Er lief auf die beiden zu und blieb schwanzwedelnd vor Steffi stehen.

»Mei, der ist aber niedlich.« Steffi hockte sich hin, um den kleinen Kerl zu streicheln. Sirius freute sich über so viel Anteilnahme und versuchte, Steffis Hände zu lecken.

»Nun muss ich aber nach oben. Ich wohne hier im ersten Stock. Wenn Du willst, kannst du ja öfter mit ihm spazieren gehen. Langsam fällt mir das Gehen immer schwerer.«

Nichts würde Steffi lieber tun. Es fiel ihr schon jetzt schwer, in die Schule zu gehen.

So tummelte sich Steffi von nun an fast jeden Nachmittag mit ihrem neuen Freund auf den Wiesen und nahm ihn auch mit zum Baden.

An einem Mittwoch war es schon am Morgen sehr warm. Es war der heißeste Tag seit fünfzig Jahren.

Steffi kam zeitiger aus der Schule – das Thermometer zeigte um 10:30 Uhr schon 30° C. Das bedeutete für Schüler und Lehrer: Hitzefrei!

Zusammen mit ihrer besten Freundin Susie verließ Steffi das Schulgelände.

Steffis Mutti wollte am Nachmittag mit ihr zum Baden fahren, würde aber erst um 11:30 Uhr zu Hause sein.

Steffi beschloss, Oma Gode zu besuchen und Sirius zu einem Spaziergang abzuholen.

»Servus, Susi. Ich muss jetzt hier abbiegen«, verabschiedete sie sich von ihrer Freundin.

»Servus, Steffi. Aber du kommst bestimmt heute Nachmittag zum Grundsee? Nicht, dass du wieder mit deinem Sirius zum Weiler gehst und uns versetzt.« Susie lachte verschmitzt.

Am Grundsee ist das Mitbringen von Hunden verboten, so war Steffi öfter mit Sirius zum Weiler gelaufen und hatte dort gebadet.

»Nein, meine Mutti kommt ja heute auch mit. Bestimmt macht sie uns wieder einen großen Picknickkorb«, antwortete Steffi. »Bis später!«

Schon von weitem sah Steffi einen großen Menschenauflauf vor Oma Godes Haus. Auf der Straße standen auch ein Krankenwagen und ein großes Polizeiauto.

>Nanu<, dachte Steffi, >da wird doch hoffentlich nichts passiert sein? <
Sie fragte eine Passantin, »können Sie mir sagen, was geschehen ist?«
»Hä«, machte die ältere Dame. »Was hast du gesagt? Du musst etwas lauter sprechen, mein Kind.«

»Ich fragte, was hier geschehen ist!«, rief Steffi.

»Die alte Frau Gode ist heute Nacht gestorben. Da siehst du, sie wird gerade abgeholt.«
Sie wies mit dem Finger auf die Haustür. In

dem Moment trugen zwei Krankenpfleger eine verhüllte Bahre heraus.

>Oh nein<, dachte Steffi traurig und eine Träne kullerte über ihre Wange. >Das kann doch nicht wahr sein. Wie ist so etwas nur so plötzlich möglich? Und was passiert jetzt mit Sirius? <

Ein Polizist zerrte den kleinen Hund an der Leine nach draußen.

Steffi boxte sich durch die Menge und kniete sich neben ihren jämmerlich heulenden Freund.

»Was passiert denn mit Sirius, Herr Polizist«, fragte sie mit tränenerstickter Stimme.

»Du kennst also den Hund?«, brummte der Beamte.

»Natürlich, ich kannte auch Frau Gode«, entgegnete Steffi. »Sagen Sie mir doch bitte, was Sie mit ihm vorhaben.«

»Tja, was halt in solchen Fällen angeordnet wird. Er wird in ein Tierheim gebracht. Vielleicht findet er bald einen neuen Besitzer oder eine neue Besitzerin.«

Steffi erhob sich schnell und sagte bestimmt: »Die neue Besitzerin steht schon vor Ihnen!« Sie nahm dem verdutzten Beamten einfach die Leine aus der Hand.

»So einfach geht das aber nicht. Wissen denn deine Eltern von deinem Entschluss?«

»Aber das können sie doch noch gar nicht«, erwiderte Steffi etwas kleinlaut.

»Dann muss der Hund zunächst überführt werden. Wenn du mit deinen Eltern gesprochen hast und sie einverstanden sind, könnt ihr den Hund im Tierheim >Am Marderweg< abholen.«

Vergeblich versuchte eine Polizistin, Sirius in das Polizeiauto zu verfrachten. Doch Sirius weigerte sich, hineinzugehen. Sie rief ihren Kollegen herbei.

»Was sollen wir denn mit diesem kleinen Teufel machen?«, fragte sie ihn. »Wir können doch nicht den ganzen Tag mit ihm vertrödeln.«

Steffi wandte sich an die Polizistin.
»Ich würde mich gern um Sirius kümmern. Ich kenne ihn schon lange. Auf mich wird er auch hören.«
Aber auch die Polizistin hatte Bedenken.
»Wo wohnst du denn? Sind deine Eltern jetzt zu Hause?«
Steffi schaute auf ihre Armbanduhr.
»Meine Mutti müsste mittlerweile daheim sein. Wir wohnen ganz in der Nähe.«

Die Polizistin wandte sich an ihren Kollegen.

»Was meinst du? Wollen wir schnell dort vorbeifahren? Es wäre schade um den kleinen Kerl. Ich bin nur froh, dass meine Kinder nicht hier sind, sonst wäre unser kleiner Privatzoo um eine Attraktion reicher.«

Der Polizist stimmte zu. »Na gut, wie du meinst«, sagte er.

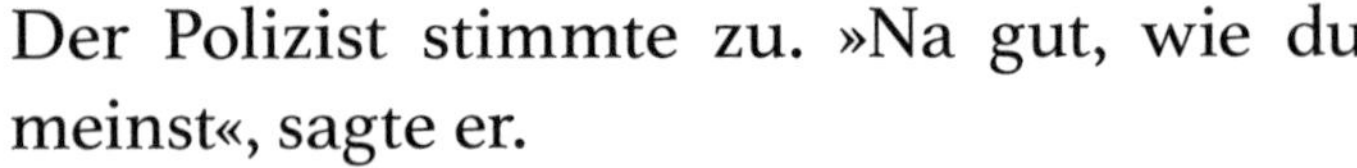

Steffi stieg mit Sirius in den hinteren Teil des Polizeiautos. Während der Fahrt zeigte sie den Beamten den Weg.

Auf der Terrasse stand schon Steffis Mutti und hielt nach ihrer Tochter Ausschau. Als sie Steffi aus dem Polizeiauto aussteigen sah, band sie schnell ihre Schürze ab und eilte die Treppen hinunter.

»Was ist passiert? Hat meine Tochter etwas angestellt?«, fragte sie erschrocken.

»Nein, nein«, beruhigte sie der Polizist. »Sie wird es Ihnen erklären.«

Steffi schluckte und atmete tief durch, sie warf einen Blick durch das Autofenster auf Sirius, der brav im Polizeiauto wartete.

»Mutti, Oma Gode ist vergangene Nacht gestorben. Du kennst doch ihren kleinen Hund, den Sirius. Wenn wir ihn nicht behalten, kommt er ins Tierheim«, brach es aus Steffi hervor. »Mutti, bitte, ich möchte mich gern um ihn kümmern. Sag' Ja, bitte.«

»Das mit Frau Gode tut mir natürlich sehr leid, mein Kind. Aber der Hund« -, verlegen strich sie sich über das Haar – Tja...«

»Sie hat Ja gesagt«, jubelte Steffi und gab ihrer Mutti einen dicken Kuss. Die gute Frau Hahn fühlte sich leicht überrumpelt, doch sie konnte dieser Freude nicht widerstehen, sie kannte ja die Tierliebe ihrer Tochter.

Trotzdem wand sie ein, dass auch Steffis Vati erst gefragt werden müsse.

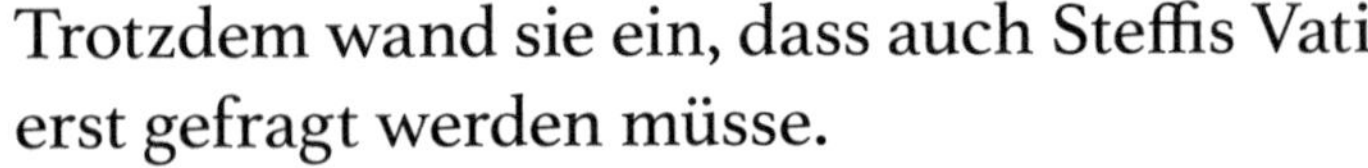

Steffi hörte den Einwand nur noch schwach und lief zum Polizeiauto, um Sirius zu befreien. Der kleine Hund sprang sofort heraus und folgte Steffi.

»Komm' Sirius, mach' schön Platz«, forderte Steffi ihn auf.
Er setzte sich artig vor Steffis Mutti. Mit großen Augen schaute er sie vertrauensvoll an. Dann streckte er die Vorderpfote wie zum Gruß aus.

Das Eis war geschmolzen. Steffis Mutter lächelte und sagte:
»es ist gut, wir behalten ihn, wenn auch mein Mann einverstanden ist. Wollen Sie hereinkommen? Sicher brauchen Sie unsere Personalien.«

»Gerne« antwortete die Polizistin und drehte sich zu ihrem Kollegen um. »Hol' doch bitte mal den Schreibblock aus dem Wagen.«

Während Steffis Mutter mit den Polizisten die amtlichen Belange regelte, sorgte Steffi für das leibliche Wohl des neuen Familienmitgliedes.

»Komm, Sirius, du musst doch Hunger haben.« Der Hund folgte ihr in die Küche. Steffi
öffnete den Kühlschrank und hatte schnell
etwas Passendes gefunden. »Schau, so ein
leckeres Würstchen, schnuppere mal.« Sie
wedelte damit vor seinen Augen hin und
her.

Ein verlockender Duft stieg Sirius in die
Nase – und Schwups, weg war dieses Würstchen und etliche folgten.

Nach einer Weile betrat Steffis Mutter die Küche.

»Steffi, dein Vati kommt heute auch etwas frü-
her nach Hause. Geh' mit Sirius spazieren. In
der Zwischenzeit bereite ich meinen lieben
Mann auf die neue Situation vor.« Sie bückte
sich und streichelte den Hund. »Das Baden
wird heute wohl ausfallen.«

»Konntest du mit den Polizisten regeln, dass
wir jetzt die neuen Frauchen für Sirius sind?«,
fragte Steffi.

»Du bist das neue Frauchen für Sirius«, stellte Steffis Mutti klar. Sie lächelte ihre Tochter an und verließ die Küche.

»O, Sirius, hast du das gehört? Du gehörst zu uns, zu mir.« Steffi umarmte ihren wuscheligen Freund und freute sich unbändig.

Mit einem Fünfzig-Euro-Schein in der Hand kam Steffis Mutti zurück.

»Nutze den Sparziergang gleich und besorge für deinen Hund die ersten nötigen Utensilien. Er braucht einen Fressnapf, eine Trinkschüssel und natürlich einen Beißknochen. Wir haben im Flurschrank noch eine schöne Decke, die wir neulich beim Baden dabeihatten. Leider konnte ich die Blaubeerflecken nicht entfernen. Das wäre ein schönes Plätzchen für Sirius.«

»Mutti, du hast immer so gute Ideen«, Steffi gab ihrer Mutter einen dicken Kuss.
»Gerne, mein Kind«, sagte sie zärtlich und hängte den Brustbeutel um Steffis Hals. Hier verstaue das Geld gut und verliere es nicht.«

»Danke, Mutti, ich gehe zum Zoogeschäft an der Ecke.« Steffi steckte das anvertraute Geld in ihren Brustbeutel und lief zur Eingangstür.

»Komm, Sirius, wir gehen für dich einkaufen.«

Sirius wedelte mit seinem Schwanz, drehte sich einmal im Kreis und bellte kurz, als wolle er seine Zustimmung geben.

Auf der Straße sah Steffi schon das Auto ihres Vaters um die Ecke biegen.

»Schnell, Sirius, beeil' dich, Vati soll dich noch nicht sehen.«

Geschwind liefen die beiden den Gehweg entlang.
Sirius war schon fast wieder der Alte. Er sprang an Steffi hoch und versuchte, während des Laufens das Ende der Leine zu erhaschen.

Schwungvoll öffnete Steffi die Tür der Zoohandlung.

»Ich möchte eine Erstausstattung für meinen Hund kaufen, darf er mit rein?«, fragte sie etwas atemlos.

»Guten Tag«, brummelte der Zoohändler, »so fängt eine vernünftige Begrüßung an – auch wenn wir anderen gar keinen guten Tag wünschen wollen – es gehört sich nun einmal so.«

Steffi schluckte und erwiderte den Gruß des brummigen Zoohändlers, der sich bald als sehr netter Mann erweisen sollte.

Umsichtig beriet er Steffi in allen Fragen des Zubehörs. Schnell hatte sie die nötigen Sachen beisammen, die Sirius brauchte.

»Auf Wiedersehen und vielen Dank«, sagte Steffi, nachdem sie bezahlt hatte. Sie war dem Zoohändler so dankbar, dass sie ihm zum Abschied sogar die Hand reichte.

Voll bepackt verließ sie mit Sirius den Laden, denn auch der kleine Hund hatte an dem Beißknochen, den ihm der freundliche Zoohändler geschenkt hatte, schwer zu tragen.

»So, Sirius, jetzt laufen wir schnell nach Hause. Mal hören, was Vati zu dir sagt.«

Die Eltern saßen auf der Veranda. Steffi und Sirius blieben in der Tür stehen. Sie beobachtete gespannt die Gesichtsausdrücke ihrer Eltern.
Ihr Vater hatte inzwischen seinen Büroanzug gegen bequeme Jeans getauscht und streckte behaglich die Füße von sich.
Er lächelte, als er das fragende Gesicht seiner Tochter sah. Hinter Steffi lugte ein kleiner schwarzer Hundekopf hervor, der einen dicken Knochen im Maul trug.
»Na, Steffi, guten Tag«, begrüßte der Vater sie schmunzelnd. »Wen bringst du uns denn da mit?«

Natürlich wusste er längst Bescheid und war mit dem neuen Familienmitglied einverstanden.

Sirius lief schwanzwedelnd zu Steffis Vati, legte ihm seinen neuen Beißknochen vor die Füße und setzte sich auf die Hinterpfoten.

»Du bist ja ein Braver«, der Vater beugte sich hinunter und kraulte Sirius am Kopf.

»Den Knochen kannst du behalten. Dann hol' doch mal deine Besitzerin, mein kleiner Freund.«

Steffi strahlte über das ganze Gesicht. Endlich war ihr Traum in Erfüllung gegangen.